介護じゃないけど、やっぱり心配だから

親に作って届けたい、つくりおき

林 幸子

大和書房

はじめに

「おいしいから食べてみて」から始まり20余年

いつのころからか、「実家に様子を見に行かなければ」とか「父はコンビニにも行きたがらないから」という話を耳にするようになり、ひとり暮らしの親御さんが多くなったのだなと実感しています。

どなたもそれなりにお元気で、行きたいところには杖をついてでも出かけるけれど、なにが面倒って料理をすることが面倒らしい。でもコンビニもスーパーの惣菜も口に合わないとなると、うちの親はいったいなに食べてるのか心配と異口同音。

わたしの場合は、実家の母は関西でひとり暮らし。自分でちょっとした煮炊きはしているようですが、クール便でおかずを送っています。実の親子の気軽さで「お出汁がいちばん役に立つわ」なんて言っていますが、喜んで食べてくれているのは隠せません。夫の母は近県の施設にいるのでときどき訪問して食事に連れ出したり、つまめる料理や手作りのスイーツを持参しています。

どちらの母にも最初は「おいしいから食べてみて」と気楽に届けたのが始まり。気がつけば、20余年続けてきたことになります。その話を周囲にしたら、どうやっているのか教えてほしいという声の多さにびっくり。

言うまでもなく、人のカラダは、その人が食べたものでつくられます。高齢者とてそれは同じこと。最後まで健やかでいてほしいから、「親に作って届ける・つくりおき」＝「親つく」というわけで、わたしのしてきたことを紹介します。

高齢者の体力・気力は個人差が大きい上に、それまで暮らしてきた個人の歴史もあるので、「親つく」もそれぞれの親御さんにあわせた工夫が必要ですが、大筋としてご参考にしていただければ、とてもうれしいです。

もくじ

第一章 肉・魚介の「親つく」レシピ

第二章 汁もの・スープの「親つく」レシピ

第三章

野菜の「親つく」レシピ

第四章

ごはん・パスタの「親つく」レシピ

コラム

本書の使い方

- 計量の単位は1カップ＝２００mℓ、大さじ1＝15mℓ、小さじ1＝５mℓです。
- 火加減はガスコンロを基準にしています。
- 電子レンジは６００Wを目安にしています。なお、機種によって多少差違があるので、お使いの機種に合わせて加減してください。
- 賞味期限はあくまでも目安です。
- 保存容器やラップは清潔なものをお使いください。

作る人は無理なく！
食べる人は気兼ねなく！

「親つく」を笑顔で続けるための4つのコツ

一

食べきりサイズで
小さく小分け

二 容器は思い切って、使い捨てを

三 冷蔵保存で大丈夫

四 たった〝ひと言〟で想いは伝わる

一 食べきりサイズで小さく小分け

►基本はごはん＋一汁一菜

献立イメージは18〜22ページに紹介してあります。ご参照ください。

►1回食べきりサイズ

食べたいものを選ぶ楽しみがあるように、単品で小分けにして用意します。

►直箸を防止する

作りおき料理とは考え方を変えましょう。大きな容器で保存すると、自分の箸を入れてしまいがちで不衛生なのでNGです。

►ごはんは茶巾しぼりに

数日なら冷蔵庫保存でもおいしく温められます。それ以上は冷凍庫に保存を。

►ふんわりのコツ

電子レンジで温めたらラップのまま茶碗に入れて、ラップを抜き取るように引くと簡単です。親に教えておきましょう。

►アルコールで消毒を

三角おむすびや俵形にして保存する場合は、手を清潔に洗って食品用アルコール（ドーパーパストリーゼなど）で消毒してからにぎりましょう。

►炊き込みごはんは強い味方

ごはんは白いごはんのほかに、それだけで食事になる炊き込みごはんや混ぜごはんも用意。そうすると、ごはんだけで軽い食事ができます。

►お湯を注ぐだけ！

汁は、お湯を注ぐだけでみそ汁になる「みそ玉」がおすすめです。

►メインにも野菜をプラス

「一菜」になる肉や魚などタンパク源のメインおかずは、野菜を加えて料理します。これで、つけ合わせなしでも満足できます。

作る人は無理なく！
食べる人は気兼ねなく！

二 容器は思い切って使い捨てを

►ふたが簡単に開けられる

「親つく」の容器は、親がスムーズに開けることができることが肝心です。密閉容器の開け閉めさえ、老いた親にはままならないこともあります。

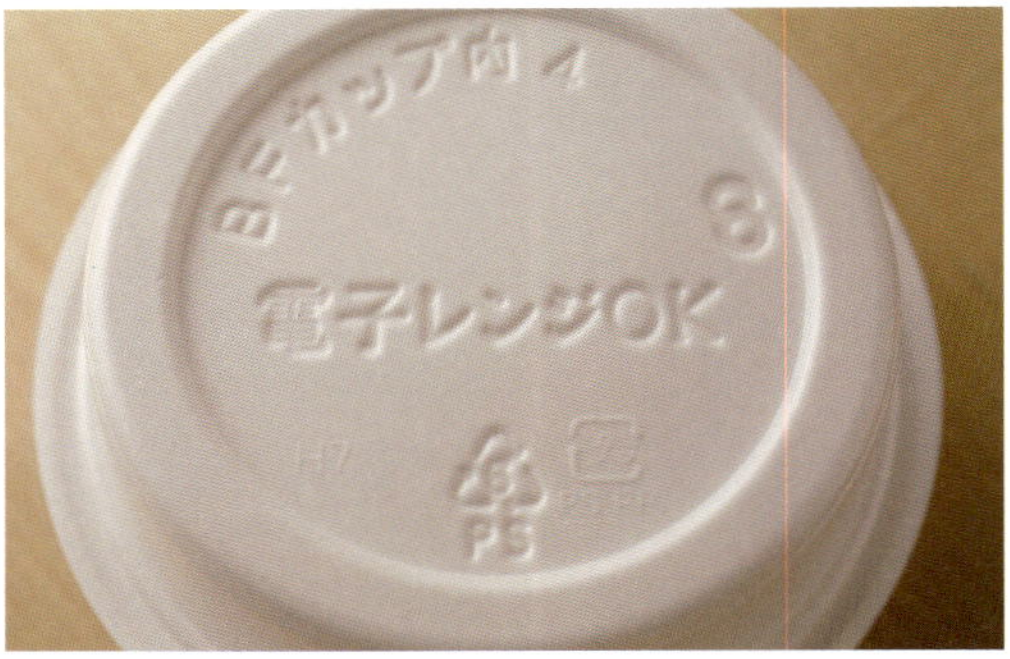

►レンジOKの使い捨て容器

温めて食べる料理は、電子レンジ対応容器を使いましょう。容器の裏に「電子レンジOK」と表示されているので確かめてください。

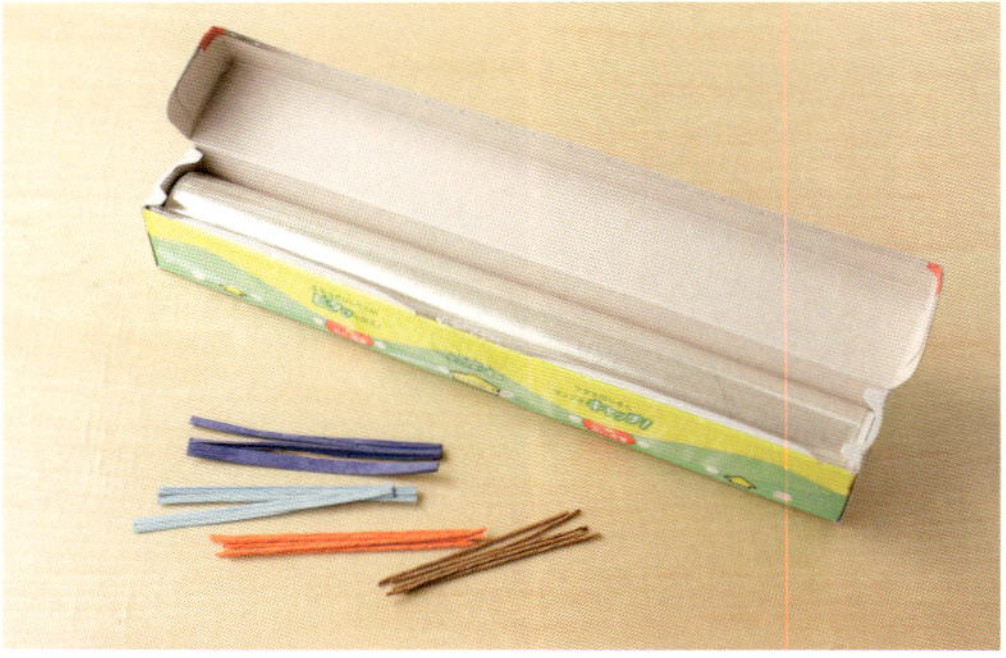

►ラップはやっぱり便利

ごはん、みそ玉には扱いやすい「ラップ＋ビニタイ」がおすすめです。ただし、レンジにかけるときはビニタイは外しましょう。

►「洗わなくていい」は親も自分も◎

容器を洗うのは親にとって負担です。また使用済みを回収するのは自分が負担です。そこで使い捨て容器でストレスなく「親つく」を。最近では100円ショップやネット通販で簡単に購入できます。

►おかずカップが活躍

少量のおかずや盛り合わせて詰めるときは、お弁当のおかずカップが活躍します。

►ふたは透明感のあるものを

ひと目で中にどんな料理が入っているかわかるようにするのも「親つく」のポイントです。

三 冷蔵保存で大丈夫

►まずは冷蔵保存で「親つく」

「親つく」では、基本的に冷蔵庫保存をおすすめします。

冷凍庫のほうが長期保存がきくから便利、は「親つく」では通用しません。

冷凍保存すると、解凍するのが面倒。料理のおいしさが伝わりにくく、まだ食べなくてもいい、と思われがちです。

►見える化が「親つく」のコツ

冷蔵庫なら料理が見えるので、食欲を誘います。残すのはもったいないから食べようと思ってくれる可能性もあります。

料理名は容器のサイドに、テープに書いて貼りましょう。これで冷蔵庫を開けるとなにが入っているかすぐわかります。食べたいものを選ぶ楽しみがあります。

汁ものは「ポリ袋+容器」

*ポリ袋は厚み0.02ミリを用いています。

ポリ袋の結び方

熱いうちにポリ袋に入れて、氷水につけて粗熱をとる。

空気をぬきながら合わせ、くるくるとねじって口を閉じる。

写真のように指にかけて結ぶ。

ポリ袋の開け方

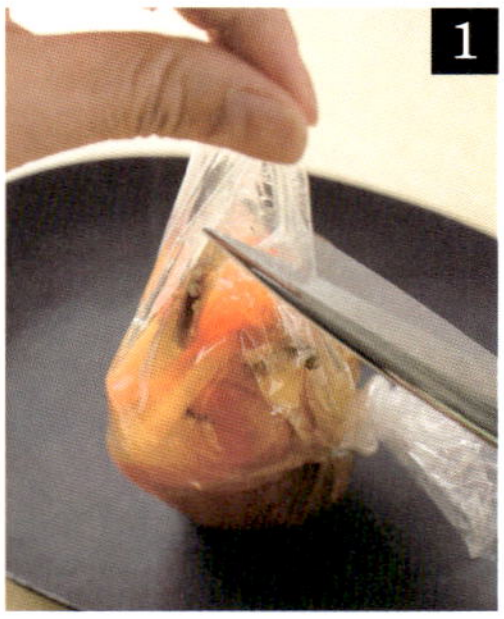

食べるときは、器に置いて下端をはさみで切って中身を器に出す。

作る人は無理なく！
食べる人は気兼ねなく！

四 たった〝ひと言〟で想いは伝わる

►「親つく」から始まる恩返し

「親つく」することで親を訪問したり、電話をかけるなど会話のきっかけになることにも大きな意味があります。

►「食べてみて!」くらいの気軽さで

老化はゆるやかに進むだけではなく、ある日、大きく進むことがあります。「親つく」で日常的に交流することで親の体力や気力の変化に気づくことができます。

親の三食すべてまかなおうと意気込まず、親が気ままにできる余白を残し、自分にも無理のないスタイルで、続けましょう。

せっかく作って届けたのに食べていない、と落胆したり、ましてや親に苦情を言うのはNGです。

「おいしくできたから食べてみて」、「自分のを作るついでだから」の気軽な姿勢で親の気持ちの負担にならない言葉を添えましょう。

宅配のクール便で送る場合は、あいさつのほかに料理名などをメニュー風に書き添えたメッセージをつけましょう。

►マスキングテープにひと言

賞味期限や「ふたをとって、電子レンジで温めてね」などと書いて容器に貼ることで、ささやかなコミュニケーションになります。

「親つく」活用例—その1

充実の一汁一菜

温めたごはんに、おかず一品と汁をつけた「一汁一菜」に箸休め、口替わりとして「ごはんのお供」をプラス。これを基本として覚えてもらいましょう。

梅ねぎ
➡81ページ

白いごはん
➡80ページ

なすと油揚げのみそ玉
➡54ページ

焼きいわしの南蛮漬け
➡36ページ

“親”がすること

「焼きいわしの南蛮漬け」をポリ袋から出して器に盛る。
「なすと油揚げのみそ玉」を椀に入れて湯を注ぐ。
「白いごはん」を電子レンジで温め、茶碗に盛る。
「梅ねぎ」を保存容器から少量取り出す。

「親つく」活用例　その2

晩酌のおつまみ

冷蔵庫から出して並べたら、酒肴セットです。
おうち居酒屋も楽しんでもらえます。

きくらげとしいたけのうま煮
➡76ページ

ほうれん草と焼きしいたけのごまマヨあえ
➡64ページ

パプリカと煮干しのマリネ
➡70ページ

“親”がすること

すべて保存容器から出して器に盛るだけ。

「親つく」活用例―その3

のっけ丼＋即席汁

おかずをごはんにのっければ、のっけ丼。
手軽に「親つく」を活用してもらえます。

梅干しとおぼろ昆布の即席汁
➡61ページ

白いごはん
➡80ページ

にらと天かすの卵とじ
➡66ページ

“親”がすること

「白いごはん」を電子レンジで温め、器に盛る。
「にらと天かすの卵とじ」を電子レンジで温めて、ごはんにのせる。
椀におぼろ昆布と梅干しを入れ、湯（または出汁）を注ぐ。

「親つく」活用例―その4

おむすびワンプレート盛り

おむすびにおかずをプラスした、ワンプレート盛りです。

おからの
ポテトサラダもどき
➡68ページ

なすの揚げ出し
➡70ページ

甘辛卵焼き
➡44ページ

中華ちまき
➡84ページ

“親”がすること

「中華ちまき」を電子レンジで温め、皿に盛る。
「甘辛卵焼き」を皿に盛る。
「なすの揚げ出し」をポリ袋から出して器に盛り、電子レンジで温める。
「おからのポテトサラダもどき」を小鉢に盛る。

「親つく」活用例―その5

小腹がすいたら、大人のおやつタイム

親世代は、一度にしっかり食べることがむずかしくなります。お菓子のほかに、ちょっとつまめるものがあると喜ばれます。

甘辛卵焼き
➡44ページ

または

さつまいものレモン煮
➡74ページ

“親”がすること

「さつまいものレモン煮」または「甘辛卵焼き」を器に盛る。

第一章

肉・魚介の「親つく」レシピ

おいしさには、噛《か》んで食べる食感も大事です。
親世代の気力体力に寄り添いながらも、
単に「やわらかく」ではなく、
肉や魚介＋野菜の組合わせで
噛むおいしさもある満足感の高い料理を紹介しました。

煮込みハンバーグ

「親つく」のポイント！

普通サイズと
ちょっと食べたいときの
ミニサイズの2パターンを
一緒に作ります。
玉ねぎを刻む手間なしで、
牛乳と生クリームで風味も
口当たりも栄養的にも◎。

材料（ほぼ4人分）

	豚ひき肉	400～500g
	塩、こしょう	各少々
A	溶き卵	1個分
A	乾燥パン粉	1カップ
A	牛乳	¼カップ
A	生クリーム	¼カップ
A	パセリのみじん切り	½カップ
B	ドミグラスソース	1カップ
B	生クリーム	½カップ
B	出汁	1カップ

作り方

1 豚ひき肉にⒶと塩、こしょうを加え、よく練り混ぜる。計量して100～150gと約50gの好みの大小に形を整える。

2 フライパンにⒷを入れてひと煮立ちさせ、**1**を並べ入れ、中火で時々裏返しながら7～8分煮て火を通す。

知っ得メモ

煮込むドミグラスソースの調整に「出汁」を用いることで、固形や顆粒のブイヨンやチキンスープよりも塩分控えめになり、味わいもすっきりと後味のよいソースになる。

容器	レンジ加熱OKの保存容器
保存	●粗熱をとってソースごと冷蔵庫で保存する ●冷凍も可
賞味期限	●冷蔵で約6日間 ●冷凍で約1カ月間
食べ方	レンジで温める

麻婆豆腐

「親つく」のポイント！

肉を食べた
満足感を味わえるように、
ひき肉ではなく、
焼き肉用を粗みじんに
切って用いましょう。
このひと手間で
〝肉料理〟になります

材料（ほぼ４人分）

木綿豆腐……2丁
牛肉焼き肉用……150g
にら……½束
サラダ油……大さじ3
にんにくのみじん切り……1片分
豆板醤《トウバンジャン》……大さじ½
Ⓐ 出汁……1カップ
　 しょうゆ……大さじ2
水溶き片栗粉
……片栗粉大さじ½＋水大さじ1
粉山椒……好みで適量

作り方

1 木綿豆腐は1〜2㎝角に切る。牛肉は粗いみじん切りにする。にらは長さ2㎝に切る。

2 フライパンにサラダ油を熱し、強火で牛肉をパラパラになるまでしっかり炒め、火を弱めてにんにく、豆板醤を加えて炒め合わせる。Ⓐを入れてひと煮立ちさせる。

3 豆腐を入れて弱めの火加減で5〜6分豆腐にしっかり火が通るまで煮る。にらを加えてかるく混ぜる。水溶き片栗粉を加えてとろみをつけ、強火にして1〜2分煮立てて仕上げる。好みで粉山椒をふり入れて混ぜる。

容器	レンジ加熱OKの保存容器
保存	●粗熱をとって汁ごと冷蔵庫で保存する ●冷凍も可
賞味期限	●冷蔵で約4日間 ●冷凍で約1カ月間
食べ方	レンジで温める

豚肉とごぼうのポン酢煮

「親つく」のポイント！

豚肉のしゃぶしゃぶ用と
ごぼうをポン酢しょうゆで
レンジ加熱するだけです。
コツは、肉にポン酢しょうゆを
からめること。
これで肉と肉がくっつかず、
肉のやわらかい
おいしさを味わえます。

材料（3～4人分）

豚肉しゃぶしゃぶ用	150g
ごぼう	$\frac{1}{3}$本
万能ねぎ	3～4本
ポン酢しょうゆ	大さじ3
出汁	大さじ3

作り方

1 万能ねぎは小口切りにする。ごぼうは洗ってささがきにし、米をとぐ要領でかるく水洗いして、水をきる。

2 耐熱容器に、豚肉を1枚ずつポン酢しょうゆをからめてふんわりとまとめて並べ、ラップをゆるめにかけて電子レンジ（600W）で3分加熱して豚肉に八分どおり火を通す。

3 ごぼうを散らし、出汁を加え、再びラップをゆるめにかけて電子レンジ（600W）で4分加熱する。容器に盛って万能ねぎを散らす。

知っ得メモ

ごぼうは皮をむく必要も水にさらす必要もなし。香りとうま味は表皮の下にあるので皮をピーラーでむいたり、こそげたりしないこと。泥つきならたわしでこすり洗いを、洗いごぼうならざっと水で洗えばよい。ごぼうから出る色はアクではなくポリフェノールだから、白く仕上げたい場合以外はざっと洗えば栄養的にもOK。

容器	レンジ加熱OKの保存容器
保存	●粗熱をとって煮汁とともに冷蔵庫で保存する ●冷凍も可
賞味期限	●冷蔵で約7日間 ●冷凍で約1カ月間
食べ方	レンジで温める

牛肉とれんこんのみそ炒め

「親つく」のポイント!

牛肉は下味に片栗粉を加えて
口当たりをよくします。
牛肉も野菜も、
食べやすさと噛むおいしさが
ともに楽しめるように、
切り方に工夫をしました。
少し塩分を控えた分、
七味唐辛子でアクセントを。

材料(4人分)

牛もも薄切り肉		300g
れんこん		中1節
さやいんげん		8本
サラダ油		大さじ1と½
A	酒	大さじ1
	しょうゆ	小さじ1
	片栗粉	大さじ½
B	酒	大さじ1
	みりん	大さじ1
	みそ	大さじ2
七味唐辛子		少々

作り方

1 牛肉は細切りにし、Aをもみ込んで下味をつける。

2 れんこんは縦に割り箸の太さに切る。さやいんげんは両端を切り落として斜め切りにする。

3 フライパンを熱してサラダ油をなじませ、1の牛肉と2のれんこんをほぐしながら炒めて牛肉に火が通ったら、さやいんげんを加えて炒め合わせ、Bで調味して汁気がなくなるまで炒める。仕上げに七味唐辛子をふる。

容器	レンジ加熱OKの保存容器
保存	●粗熱をとって冷蔵庫で保存する ●冷凍も可
賞味期限	●冷蔵で約5日間 ●冷凍で約1カ月間
食べ方	レンジで温める

鶏肉の梅煮

「親つく」のポイント！

鶏肉は巻いてから煮ます。
それを薄切りにすると、
お箸でつまめるので、
ぐんと食べやすくなります。
調味は、梅酒と梅干しです。
鶏のクセが消えて風味が
よくなるだけではなく、
やわらかくなります。

材料（3〜4人分）

- 鶏もも肉……2枚
- 長ねぎ……2本
- 梅干し……大4個
- 梅酒……½カップ
- 水……½カップ
- しょうゆ……大さじ1
- 塩、こしょう……各少々
- サラダ油……適量

作り方

1 長ねぎは長さ3㎝に切る。鶏肉は身に細かく切り目を入れ、厚みが均等になるようにはがれた身で穴埋めして、塩、こしょうをする。筋のあるほうから巻いて成形し、たこ糸でくくる。

2 フライパンを熱してサラダ油をなじませ、**1**を入れて焼き色をつけ、梅干し、梅酒、水を加えて汁気がなくなる寸前まで煮る。しょうゆを加え、からめながら煮つめる。

3 鶏肉のたこ糸を外して薄切りにし、長ねぎ、梅干しとともに盛り合わせる。

容器	レンジ加熱OKの保存容器
保存	●粗熱をとって切り、輪切りが見えるように入れて冷蔵庫で保存する ●冷凍も可
賞味期限	●冷蔵で約7日間 ●冷凍で約1カ月間
食べ方	レンジで温める

えびチリ

「親つく」のポイント！

えびは見た目も
ごちそうだから
大きめを選んで、卵白で
下味をしてプリプリに！
玉ねぎとトマトが
味わいの名脇役です。

材料（4～6人分）

	えび	500g
	玉ねぎ	1個
	トマト	大1個
	にんにくのみじん切り	小さじ1
	しょうがのみじん切り	大さじ1
	長ねぎの粗みじん切り	1本分
	サラダ油	大さじ2
Ⓐ	卵白	½個分
	酒	大さじ1
	サラダ油	大さじ½
	片栗粉	大さじ2
Ⓑ	ラー油	大さじ2
	トマトケチャップ	⅓カップ
Ⓒ	出汁	1と½カップ
	酒、しょうゆ、片栗粉	各大さじ1と½

作り方

1 えびは殻をむき、背側に切り込みを入れて背わたを取り除いてボウルに入れ、Ⓐの片栗粉以外をよくもみ込んでから片栗粉を混ぜる。

2 玉ねぎは繊維にそって幅1cmのくし形切りにしてバラバラにする、トマトは1cm角に切る。

3 フライパンにサラダ油を強火で熱し、**1**のえびを入れて大きくかき混ぜて表面の色が変わったら玉ねぎを加え、かるく火を通してボウルに移す。

4 **3**のフライパンににんにく、しょうが、長ねぎを入れて中火から弱火で炒め合わせ、香りが立ったらトマトを加えて1～2分かるく煮つめ、Ⓑを加えてひと煮立ちさせる。Ⓒを加えて煮立ててとろみがついたら、**3**を戻し入れて1分ほどからめ合わせながら炒めて仕上げる。

容器	レンジ加熱OKの保存容器
保存	●粗熱をとって汁ごと冷蔵庫で保存する ●冷凍も可
賞味期限	●冷蔵で約6日間 ●冷凍で約1カ月間
食べ方	レンジで温める

焼きいわしの南蛮漬け

「親つく」のポイント!

揚げずに
フライパン焼きにして、
漬け汁につけます。
これで時間がたっても
油っぽくならず、
おいしく食べられます。

材料（3〜5人分）

いわし（開いて中骨を取り除いたもの）*……5尾
玉ねぎ……1個
にんじん……½本
ピーマン……2個
塩……少々
Ⓐ 出汁……2カップ
　 しょうゆ、酢……各¼カップ
　 砂糖……大さじ2

*あじ、生さけで同様にしてもおいしい。

作り方

1 いわしは尾を切り落として縦に2つに切り離し、かるく塩をふって10〜20分おく。

2 玉ねぎは薄切りにし、にんじんはマッチ棒状くらいに切る。ピーマンはヘタと種を取り除いて縦にせん切りにする。

3 Ⓐ、玉ねぎ、にんじんを鍋に入れて火にかけ、煮立ったら火を止める。

4 **1**の水気をペーパーでとり、フライパンに皮を下にして並べ入れて火にかけ、中火で焼き色がしっかりつくまでゆっくり焼き上げ、裏返してかるく焼く。

5 **4**の油をペーパーでとって**3**の鍋に入れ、ピーマンを加えて火にかけ、煮立ったら火を止めてそのまま冷ます。

容器	ポリ袋＋保存容器
保存	●冷蔵庫で保存する ●冷凍も可
賞味期限	●冷蔵で約8日間 ●冷凍で約1カ月間
食べ方	ポリ袋から器に出して、そのままか電子レンジで温める

あじのマスタード焼き

「親つく」のポイント!

あじは人気の魚ですが骨が問題。そこで3枚におろしたたたき用を、青菜と一緒にホイル焼きにします。これなら作る人も手間なし、食べる人も魚を食べた満足感があります。

材料(4人分)

あじ(たたき用)*……………………2尾

Ⓐ
- 粒マスタード…………大さじ2
- 練り辛子………………小さじ¼
- 卵黄…………………………2個分

小松菜…………………………………1束

塩、こしょう……………………各少々

*さけ、さわら、たい、かじきまぐろなどの切り身でも同様に。

作り方

1 あじは中骨の位置を指でなぞって骨が残っていれば抜き取り、かるく塩(分量外)をふって20分ほどおく。

2 Ⓐを混ぜ合わせ、塩、こしょうで調味する。

3 小松菜は長さ3㎝に切り、ラップで包んで電子レンジ(600W)で3分加熱し、かるく水洗いして水気をしぼる。

4 ホイルに**3**を敷いて**1**をのせて、ホイルの左右をねじってボート型にし、**2**をかける。オーブントースターで10〜12分焼く。

知っ得メモ

電子レンジでホイル包みを温める場合、ホイルが庫内の壁に当たらないように置くこと。壁に当たると火花が散ることもあるので要注意。

容器	レンジ加熱OKの保存容器
保存	●冷蔵庫で保存する ●冷凍も可
賞味期限	●冷蔵で約4日間 ●冷凍で約1カ月間
食べ方	レンジで温める

さけのねぎチーズ焼き

「親つく」のポイント！

保存容器にじゃがいも、さけ、
青ねぎの香味を
添えたチーズを
重ねて入れてレンジでチン！
冷めたらそのまま保存できます。
ちょっとした洋風のおかずも、
親世代にはうれしいものです。

材料（4人分）

生さけ	4切れ
じゃがいも	2個
青ねぎ	1本
ミックスチーズ	100g
塩、こしょう	各少々

作り方

1. 生さけはそぎ切りにして、骨があれば抜き、塩、こしょうをしてしばらくおいて水気をふきとる。
2. じゃがいもは皮をむいて薄切りにし、米をとぐ要領でかるく洗って水きりする。鍋に入れて、かぶるくらいの水を入れて火にかけ、煮立ったらザルにあげて水きりする。
3. 青ねぎは小口から薄切りにし、みじん切りにしたミックスチーズに混ぜる。
4. レンジOKの容器に**2**を敷いて**1**を並べて、**3**をたっぷりかけ、ふたやラップをせずに電子レンジ（600W）で6分加熱する。

容器	レンジ加熱OKの保存容器
保存	●冷蔵庫で保存する ●冷凍も可
賞味期限	●冷蔵で約5日間 ●冷凍で約1カ月間
食べ方	レンジで温める

あさりとセロリと春雨のアジア蒸し

「親つく」のポイント！

思いがけないトリオですが、オイスターソースとナンプラーがまろやかな風味を生み出して後引くおいしさに。温め直してもあさりのうま味を堪能できます。

材料（ほぼ4人分）

あさり……500g
緑豆春雨……120g
セロリ……2～3本
Ⓐ
ナンプラー……大さじ1
オイスターソース……大さじ½
ごま油……大さじ1

作り方

1 あさりは海水程度の塩水（水500mℓに塩大さじ1）につけて砂出しする。

2 春雨はたっぷりの水に10分ほどつけてもどし、食べやすい長さにキッチンばさみで切る。セロリは茎も葉も長さ2cmのざく切り（太ければ斜め切り）にする。

3 耐熱の容器にあさりを重ならないように入れ、春雨を重ね置き、Ⓐを回しかけ、セロリを散らし、ラップをして電子レンジ（600W）で10分加熱する。

4 蒸し上がったら全体を混ぜ合わせる。春雨がほぐれにくければ、少量のごま油（分量外）をかけるとほぐしやすくなる。

容器 レンジ加熱OKの保存容器

保存
- 冷蔵庫で保存する
- 冷凍も可

賞味期限
- 冷蔵で約5日間
- 冷凍で約1カ月間

食べ方 レンジで温める

明石焼き風オムレツ

「親つく」のポイント！

たこと紅しょうがの出汁味のオムレツです。とろみをつけた汁気とバターの風味が食欲を誘います。

容器	おかずカップに入れて保存容器に
保存	冷蔵庫で保存する
賞味期限	冷蔵で約4日間
食べ方	そのまま

材料（2人分）

卵……2個

Ⓐ
- たこ（薄くそぎ切り）……50g
- 三つ葉（長さ1㎝に切る）……½束
- 紅しょうが（みじん切り）……5〜10g

バター……適量

Ⓑ
- 出汁……大さじ3
- うすくちしょうゆ……小さじ½
- みりん……小さじ½
- 片栗粉……小さじ1

作り方

1 Ⓑを小鍋に入れて混ぜながら煮立ててとろみをつけ、人肌くらいに冷ます。

2 **1**をボウルに入れて卵を割り入れて溶き混ぜ、Ⓐを加えて混ぜる。

3 フライパンに大さじ½〜1のバターを溶かし、**2**を半量流し入れ、かき混ぜながら半熟のスクランブルエッグ状態になったらかき集めて混ぜるのをやめ、そのまま火にかけて底の面をしっかり焼く。同様にしてもう1個作る。

甘辛卵焼き

「親つく」のポイント！

懐かしい昔ながらの卵焼きです。おかずや酒の肴としてだけではなく、小腹がすいたときのおやつにもなるように、小分けにして保存を。

容器	おかずカップに入れて保存容器に
保存	冷蔵庫で保存する
賞味期限	冷蔵で約5日間
食べ方	そのまま

材料（3〜6人分）

卵……4個

サラダ油……適量

Ⓐ
- めんつゆ（ストレートタイプ）……大さじ2
- 砂糖……小さじ1
- しょうゆ……小さじ½

作り方

1 卵は割りほぐしてⒶで調味する。

2 卵焼き器（または小さいフライパン）を熱してサラダ油をなじませ、**1**を数回に分けて流し入れて卵焼きを作る。

3 粗熱がとれたら大きめの一口大（6個くらい）に切る。

キャベツたっぷりお好み焼き

「親つく」のポイント！

野菜をたっぷりとれるお好み焼き。
おやつ感覚で気軽に「つい手が出る」ように小さく作るのがポイントです。
やまといもは、冷凍の小袋を活用すると手際よくできます。

材料（4〜6枚）

豚バラ肉（長さを半分に切る）……100g
Ⓐ
- キャベツ（粗みじん切り）……250g
- 万能ねぎ（小口切り）……4本
- 天かす……½カップ
- 紅しょうが（みじん切り）……10g

卵（割りほぐす）……1個

【生地】
- 薄力粉……50g
- 出汁……½カップ
- やまといも（すりおろし）……70g

お好みのソース、削りがつお、青のり、マヨネーズ……各適量

作り方

1. 生地を作る。ボウルに薄力粉と出汁を入れ、泡立て器でボウルの底をするようにしてなめらかに溶きのばし、やまといもを加えて混ぜ合わせる。30分から1時間ねかせる。
2. 大きめのボウルに**1**の生地、Ⓐ、卵を入れて泡立てるようにして混ぜ合わせる。
3. フライパン（またはホットプレート）を熱して豚肉を並べ入れ、**2**をお玉1杯分豚肉の上に流し入れ、小さくまとめる。
4. 底の面にきつね色より濃いめの焼き色がついたらひっくり返し、中火で4〜5分かけて焼き上げ、肉の面にソースを塗って好みでマヨネーズをかけ、青のりと削りがつおをかける。

容器 レンジ加熱OKの保存容器
＊ソース類は親が自分で塗ることができるなら別容器で添える

保存
- 冷蔵庫で保存する
- 冷凍も可

賞味期限
- 冷蔵で約7日間
- 冷凍で約1カ月間

食べ方 レンジで温める、またはフライパンで焼き直す

郵便はがき

112-8790

105

料金受取人払郵便

小石川局承認

5790

差出有効期間
平成32年6月
30日まで

(切手を貼らずに
お出しください)

(受取人)
東京都文京区関口
一の三三の四

大和書房

愛読者カード係 行

ご住所 □□□-□□□□ TEL ( )		A	年齢
お名前(ふりがな)		B	□男 □女 □既婚 □未
C	ご職業 1.中学生 2.高校生 3.大学生 4.専門学校生 5.会社員 6.公務員 7.自営業 8.アルバイト・パート 9.主婦 10.その他(		
Eメール アドレス			

※この愛読者カードは、企画の参考以外には、いかなる目的にも使用しません。

愛読者カード

ご購読ありがとうございます。今後の出版企画の参考にさせていただきますので、下記の設問にお答えください。ご協力をお願い致します。

本書の書名

この本を何でお知りになりましたか。

1.書店の店頭　2.広告を見て（新聞・雑誌名　　　　　　　　　　　　　）
3.書評紹介を見て（紙・誌名　　　　　　　　　　）　4.友人、知人の紹介
5.友人、知人からのプレゼント　6.小社出版物の巻末広告・刊行案内　7.その他

お買い求めの動機をお聞かせください。

1.著者が好きだから　2.タイトルに惹かれて　3.興味のあるテーマ、ジャンルだから
4.カバーデザインがよかったから　5.その他（　　　　　　　　　　　　　）

最近読んでおもしろかった本は何ですか。

お読みになりたい著者、テーマなどをお聞かせください。

定期的にお読みになっている雑誌名をお聞かせください。

本書についてご意見、ご感想をお聞かせください。

「親つく」番外編

ときには、お惣菜活用で時短テクニック！

ウチの味を食べてほしいけれど、手間がかかる揚げ物や肉団子など、忙しいなかで作りにくい料理もあります。そんなときは、デパ地下やお惣菜屋さんを活用しましょう。ポイントは、親の口に合うように少し工夫をすること。

（賞味期限は２～３日）

その1

デリの肉団子＋トマト
「トマトと肉だんごの酢豚風」

作り方メモ

フライパンにトマトと肉団子を入れてトマトの水分と肉団子のあんがなじみ、肉団子に火がとおるまで炒め煮する。

その2

デリのヒレカツ＋チーズ

「チーズヒレカツ」

作り方メモ

ヒレカツはふたつに切ってミックスチーズをふって冷蔵庫に保存。食べるときにレンジで加熱する。

その3

えびフライ＋のり＋パン＋レタス

「えびフライのロールサンド」

作り方メモ

のり、サンドイッチ用パン、レタスを重ね、えびフライを置いて手前からのり巻きの要領で巻き、ラップで包む。包み終わりは、三つ折りくらいに重ねること。これで、開けるときにラップの端が分かる。

「親つく」ついでに

冷蔵庫と電子レンジのチェック

冷蔵庫と電子レンジは「親つく」を実現する両輪です。「親つく」を手持ちで届ける場合は、それぞれがよい状態で機能しているかどうかチェックしましょう。

冷蔵庫　手を出しにくい庫内掃除も「親つく」でさりげなく

冷蔵庫の棚は奥が深いので、奥に入ると放置されがちです。「親つく」の棚を決め、トレイにまとめて載せて入れましょう。トレイごと出し入れすれば、在庫が見えて選びやすいし、奥に放置されることも避けられます。

食品用アルコール（ドーバーパストリーゼなど）で庫内を拭いて掃除し、賞味期間切れやわずかに残っているものを処分しましょう。

かるく「期間切れてるから始末しとくね」くらいの声かけですませ、「かびてるよ」とか「こんなの置いといてどうする」とかは禁句。

まだ期限前のものなどや処分しないほうがよいだろうな、と思うものは静かに奥に入れて、次のチャンスに処分しましょう。

電子レンジ　ボタンだらけ多機能のタイプはシンプルレンジに買い換えを

回転台や丸皿は外して洗い、内壁を食品用アルコール（ドーバーパストリーゼなど）で拭きましょう。

現在のものが多機能のオーブン・レンジで、親がオーブン機能を使わないのなら、加齢が進む前に新しい単機能電子レンジに買い換えて、なじんでもらうと安心安全です。その場合、見やすく大きな日本語表示のデザインを選びましょう。

第二章

汁もの・スープの「親つく」レシピ

みそ汁が香る食卓はやさしい空気が漂います。
そんな家庭的ななごやかさと
みその発酵食品としてのうま味と滋養を
みそ玉にして届けましょう。
具だくさんのおかずスープも紹介しました。

みそ玉

「親つく」のポイント！

好みのみそと粉がつおを練り混ぜて、
具を加えて小さな茶巾包みに。
お湯を注いで混ぜたら、おみそ汁！
うちの味のみそ玉は小さいけれど、
大きないやしをもたらす
スグレものです。

容器	ラップ茶巾包み＋保存容器
保存	冷蔵庫で保存する
賞味期限	冷蔵で約２週間

みそ玉でみそ汁を作る

作り方

1

みそ玉はラップを外して、椀に入れる。

2

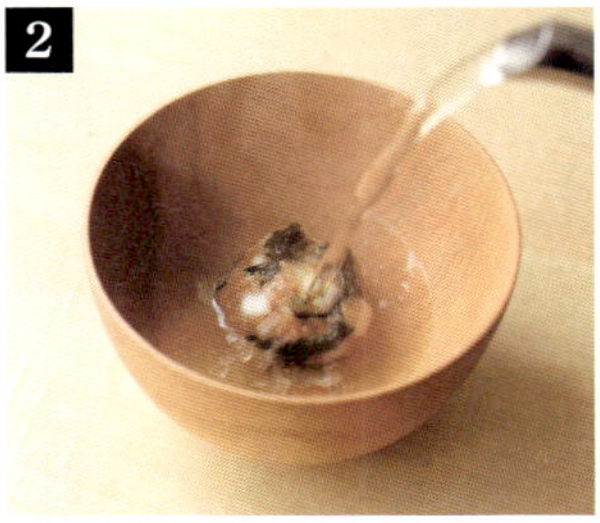

沸かした湯をみそ玉に静かに注ぐ。

3

みそ玉を箸でくずして溶いてみそ汁にする。

2

塩蔵わかめは洗ってすぐに水気をしぼり、幅5㎜〜1㎝に切る。長ねぎは縦八つ割りにし、端から幅5㎜〜1㎝に切る。

3

ボウルに**1**と**2**を入れて合わせ、練り混ぜる。

4

6等分に分けてラップで茶巾にしぼって包む。

5

ビニタイなどで結んで閉じて保存容器に入れる。

基本のみそ玉

材料(5〜6杯分)

みそベース(1単位)

- みそ……………………大さじ4
- 粉がつお…………大さじ1

塩蔵わかめ……… 10〜15g

長ねぎ………………………10㎝

作り方

1

ボウルにみそと粉がつおを入れ、ゴムベラでよく練り混ぜ、みそベースを作る。

「親つく」のポイント！

みそベースに、うま味のある具とそれと相性のいい具を加えると、好みのみそ汁になるみそ玉ができます。おいしさのコツは具を２種合わせること。

ゆでなすと油揚げのみそ玉

材料（5～6杯分）

なす……1個
油揚げ……½枚
みそベース……1単位分

作り方

1 なすは厚さ5㎜～1㎝の輪切りにし、さっとゆでて水にとり、冷めたら水気をかるくしぼる。油揚げはペーパーで押さえて油を吸い取り、細く切る。

2 ボウルに**1**とみそベースを入れて練り混ぜる。6等分に分けてラップで茶巾にしぼって包み、口を閉じる。

白玉と青のりのみそ玉

材料（5～6杯分）

白玉粉……60g
水……50～55㎖
青のり……大さじ1
みそベース……1単位分

作り方

1 白玉粉に水を加えて耳たぶくらいのかたさに練り、小梅くらいの大きさに丸め、沸騰した湯に入れて浮き上がってくるまでゆで、冷水にとって冷ます。

2 ボウルにみそベースを入れ、水小さじ1～2（分量外）でゆるめ、**1**と青のりを加えて混ぜ合わせ、6等分に分けてラップで茶巾にしぼって包み、口を閉じる。

あさりと三つ葉のみそ玉

材料（5～6杯分）

あさり……18～24個
酒……大さじ1
三つ葉（長さ1cmに切る）……1束
みそベース……1単位分

作り方

1 あさりは砂出しし、酒とともに鍋に入れて中火にかけ、口を開いたものから取り出して身を外し、残った汁はペーパーでこす。

2 ボウルにみそベースを入れ、こした蒸し汁小さじ1でゆるめ、あさりの身と三つ葉を混ぜ、6等分に分けてラップで茶巾にしぼって包み、口を閉じる。

豚汁のみそ玉

材料（5～6杯分）

豚薄切り肉……6枚
にんじん……3～4cm
白菜（大きくないもの）……1枚
みそベース……1単位分

作り方

1 豚肉は幅2cmに切り、にんじんは半月の薄切りに、白菜は2cm角ぐらいに切る。

2 沸騰した湯ににんじん、白菜を入れ、やわらかくなったら豚肉を加え、火が通ったらザルにあげて冷ます。ペーパーで押さえて水気をとる。

3 ボウルに**2**とみそベースを入れて、練り混ぜ、6等分に分けてラップで茶巾にしぼって包み、口を閉じる。

切り干し大根のクリームスープ

「親つく」のポイント!

やさしい味わいで滋養たっぷり、カラダが喜ぶスープです。牛乳を用いない場合は出汁で分量まで補い、仕上げにバター大さじ1を加えて味に深みをだしましょう。

容器	レンジOKの保存容器
保存	●冷蔵庫で保存する ●冷凍も可
賞味期限	●冷蔵で約5日間 ●冷凍で約1カ月間
食べ方	レンジで温める

材料(作りやすい分量)

切り干し大根……50g
玉ねぎ(薄切りにする)……½個
バター……大さじ2
小麦粉……大さじ1
Ⓐ[切り干し大根のもどし汁+出汁……2カップ
牛乳……2カップ
塩、こしょう……各少々

作り方

1 切り干し大根は少量のぬるま湯(分量外)でぬらしてよくもみ、たっぷりのぬるま湯に20〜30分つけて十分にふやかし、大根の水気を絞り、もどし汁と絞り汁はとりおく。

2 鍋にバターを溶かして玉ねぎを炒め、少し色づいたら**1**の切り干し大根を加えて炒め合わせる。小麦粉を加えてかるく炒め、Ⓐを加えてひと煮立ちさせ、ふたをして10分ほど中火で煮て、半量近くに煮つめる。

3 ミキサーにかけて鍋に戻し入れ、牛乳を加えて煮立てないように温め、塩、こしょうで味を調える。

麦入りミネストローネ

「親つく」のポイント！

これ一品で満足の具だくさんスープです。時間がたつと押し麦が汁を吸って雑炊のようになったのもまた、おいしいものです。

容器	レンジOKの保存容器
保存	●冷蔵庫で保存する ●冷凍も可
賞味期限	●冷蔵で約7日間 ●冷凍で約1カ月間
食べ方	レンジで温める

材料（作りやすい分量）

- 押し麦……………40g（約$\frac{1}{4}$カップ）
- ベーコン（幅1cmに切る）………3枚
- Ⓐ
  - 玉ねぎ（1cm角に切る）…$\frac{1}{2}$個
  - にんじん（1cm角に切る）…$\frac{1}{4}$本
  - セロリ（1cm角に切る）………1本
  - ズッキーニ（1cm角に切る）…$\frac{1}{2}$本
  - さやいんげん（1cmに切る）……………………………8本
  - じゃがいも（1cm角に切る）…1個
- にんにくのみじん切り……1片分
- オリーブ油………………大さじ3
- Ⓑ
  - トマトの水煮…1缶（400g）
  - 出汁…………………4カップ
- 塩、こしょう………………各少々

作り方

1 鍋ににんにくとオリーブ油を加えて火にかけ、にんにくが色づいてきたらベーコンと押し麦を加えて炒め合わせる。

2 Ⓐを加えて炒め合わせ、Ⓑを加えて押し麦がやわらかくなるまで約30分煮て、塩、こしょうで味を調える。

カロテンスープ

「親つく」のポイント!

かぼちゃのとろみと
牛乳の相性を利用した
カロテン豊富で
カラフルなスープです。
いんげんなど、緑の野菜を
入れる場合は、
かぼちゃをつぶしてから
入れて2〜3分煮ます。

容器	レンジOKの保存容器
保存	●冷蔵庫で保存する ●冷凍も可
賞味期限	●冷蔵で約7日間 ●冷凍で約1カ月間
食べ方	レンジで温める

材料(作りやすい分量)

Ⓐ
- ベーコン(幅1cmに切る)……3枚
- にんじん(四つ割りにして厚さ5mmに切る)…$\frac{1}{2}$本
- セロリ(1cm角に切る)……$\frac{1}{4}$本
- 玉ねぎ(1cm角に切る)……$\frac{1}{4}$個

かぼちゃ(皮をむいて1〜2cm角に切る)……100g
パプリカ(赤)(1〜2cm角に切る)……$\frac{1}{4}$個
バター……大さじ1
水……2カップ
牛乳……$\frac{1}{2}$カップ
塩、こしょう……各少々

作り方

1 鍋にバターを溶かしてⒶを炒め、水を加えて弱火で10分ほど煮て、かぼちゃとパプリカを加えて、かぼちゃがやわらかくなるまで煮る。

2 鍋のかぼちゃの一部をかるくつぶし、牛乳を加え、塩、こしょうで調味する。

いろいろ豆とソーセージのスープ

「親つく」のポイント！

手軽な豆とソーセージを煮た食べごたえのあるスープです。ソーセージはつぶしてうま味と食感をだしました。豆と一緒にスプーンで食べられるのもポイントです。

容器	レンジOKの保存容器
保存	●冷蔵庫で保存する ●冷凍も可
賞味期限	●冷蔵で約５日間 ●冷凍で約１カ月間
食べ方	レンジで温める

材料（作りやすい分量）

ミックスビーンズ* …… 150g
大豆（蒸したもの）…… 100g
出汁 …… 3カップ
ウインナソーセージ …… ８本
パセリのみじん切り …… 大さじ２～３
塩、こしょう …… 各少々
*サラダビーンズでもよい。

作り方

1 鍋に出汁とミックスビーンズ、大豆を入れて火にかけ、ふたをして弱火で５分ほど煮る（蒸したタイプではない水煮を用いる場合は15分煮る）。

2 ウインナソーセージは肉たたきやすりこ木でたたいてつぶし、粗くほぐし、**1**に加えて５分ほど煮て、パセリ、塩、こしょうで味を調える。

「親つく」のつよい味方、出汁を作りおく

「親つく」のポイント!

ペットボトルに入れて
冷蔵庫で2カ月保存できる
和洋中に活躍するオールマイティな出汁、
「一・五番出汁」を紹介します。
コツは火加減だけ!
むずかしいことはなにもありません。
この出汁はカラダにすっと入るので、
親の冷蔵庫にも用意してあげると喜ばれます。
その場合は、扱いやすい
小さなペットボトルを用いましょう。

作り方

1

鍋に昆布と水を入れてごく弱火にかけて20〜30分、鍋の内側に泡がつく状態をキープして、火を止めて昆布を引き上げる。

2

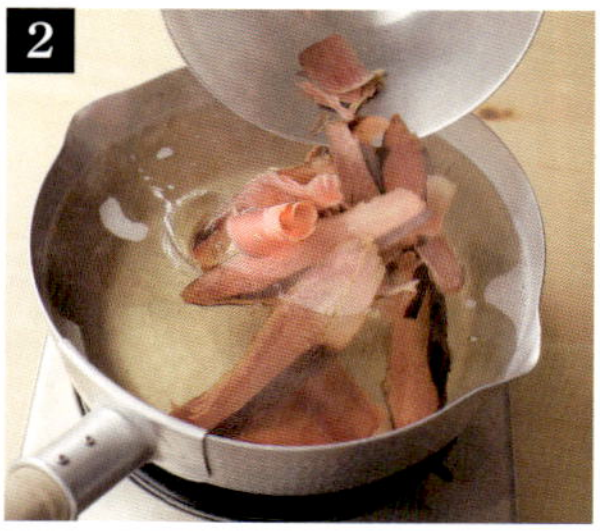

1を沸騰させ(消毒のため)、すぐ火を弱めて厚削りを入れて煮立たせないように約12分火にかけ、静かに引き上げる。

材料(約2リットル分)

昆布*……………………25〜30g
[かつお本枯れ厚削り……………40g
[かつお本枯れ削り節……………40g
水……………………2.4リットル

*昆布は、真昆布または利尻昆布、羅臼昆布を。

ペットボトルは「かたいタイプ」を

- 熱いものを入れるので、かたいタイプのものを用いること。底を見るとわかる。

- 水のペットボトルがおすすめ。中をブラシやスポンジで洗うのは、傷がつき雑菌繁殖の原因になるので厳禁。

「親つく」するなら小さいペットボトルで

- 疲れたときに、冷たいまま飲むとカラダにすっとしみていやされます。
- 電子レンジで温めてごはんにかけて出汁茶漬けに、食欲がないときレトルトのおかゆにかけても食がすすみます。
- 電子レンジで温めて梅干しとおぼろ昆布を入れた椀に注ぐと「即席汁」になる。

強火にして沸騰させ（消毒のため）、すぐ火を弱めて削り節をほぐしながら加える。
削り節が沈んだら火を強めて煮立たせ、すぐ火を止め、そのまま2～3分おく。

ボウルを当てたザルにキッチンペーパーを敷く。削り節を箸で静かに引き上げ、キッチンペーパーに片寄せておく。

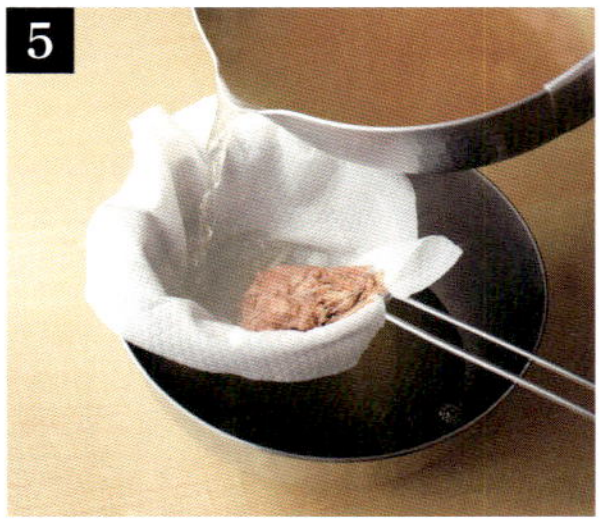

あいているところに鍋の出汁を流し入れてこす。

キッチンペーパーを箸でまとめて、しっかり押して絞る。これで一番出汁よりもかつおの渋みが加わってうま味のある出汁になる。

熱々のうちに口のついた計量カップなどを利用してペットボトルに入れる。

ふたをして横にねかせるか逆さにして、ふたの裏まで熱々の出汁で消毒する。

「親つく」ついでに

キッチン、食器戸棚の整理整頓

大掃除の時期や季節の変わり目に掃除を手伝って、
親のキッチンの安全性を高めましょう。

重いものは下に

脚立や椅子に乗らないと親の手が届かない高いスペースは、今は大丈夫でも加齢とともに危険が増します。できることなら使用しないほうが安心です。

少し大きな地震になると、鋳物ホウロウの鍋もすき焼き鍋も飛んで落下します。**重いものは収納スペースの下部に**置きましょう。

食器戸棚

地震のときに家庭内で被害が大きいのが食器戸棚です。重ねるときは安定するように重ねましょう。棚の奥まで二重三重に入れるのは避けたいものです。

親と相談して、**普段づかいの食器だけ残して、大切なものや客用は箱に入れて、食器戸棚の下部か別の場所に**納めるとスッキリ安全になります。

戸棚が開き戸でわずかな揺れで開いてしまう場合、補助器具をつけて勝手に開かないようにすると安心です。

不要品

不要と思われるものを片付けるとき、**「捨てる」「使わないでしょ」「いらないよね」は禁句。**落ちて壊れたり、怪我しないように「しまっておこう」と話しましょう。ダンボール箱などに入れて、品名を書いて流しの下や押し入れなどに親と一緒にしまいましょう。

電子レンジOK食器

料理経験のある親なら知っていることですが、自炊経験の浅い父親には、**電子レンジOKと電子レンジNGの食器の棚を分ける**、もしくはNG食器は片付ける、など対策も必要になります。

第三章

野菜の「親つく」レシピ

作りおいても、温め直しても
おいしく食べられる工夫をしました。
加齢とともに腸の動きがにぶくなって
便秘をしやすくなります。
食物繊維をたくさん食べてほしいから
種類を多くいろいろ作って届けましょう。

ほうれん草と焼きしいたけのごまマヨあえ

「親つく」のポイント！

青菜は、食感と風味の異なるものを合わせると食べやすくなります。しいたけを焼いて香りを出すのがポイント。

容器	保存容器
保存	冷蔵庫で保存する
賞味期限	冷蔵で約５日間
食べ方	そのまま

材料（４人分）

ほうれん草（または小松菜）
……………………………… 250g（１束）

生しいたけ ……………………………８枚

Ⓐ
- すりごま…………………… 大さじ3
- マヨネーズ……………… 大さじ2
- しょうゆ…………………大さじ½
- 出汁………………………… 大さじ1
- 塩 ………………………… ひとつまみ

作り方

1. ほうれん草は洗って長さ3㎝に切り、水気を十分きらずに耐熱のボウルに入れてラップをし、電子レンジ（600W）で３分加熱する。水にとって冷まし、水気をしぼる。
2. 生しいたけは石づきを切り落として軸を切り離し、軸とともに網で焼き、薄切りにする。
3. ボウルに**1**と**2**を入れてⒶであえる。

ほうれん草ともやしのナムル

「親つく」のポイント！

ナムルは作りおいても
味が変わらず、
ごまの滋養も見逃せません。
もやしを加えると、
青菜の食感が
みずみずしくなります。

容器	保存容器
保存	冷蔵庫で保存する
賞味期限	冷蔵で約５日間
食べ方	そのまま

材料（４人分）

- ほうれん草（または小松菜）…… 250g（１束）
- もやし …… 200g
- Ⓐ
  - 長ねぎのみじん切り …… ½ カップ
  - すりごま …… ¼ カップ
  - にんにくのすりおろし …… 小さじ１
  - しょうゆ …… 大さじ１
  - ごま油 …… 大さじ４
  - 塩 …… 小さじ¼

作り方

1. ほうれん草は洗って長さ４cmに切り、もやしも洗う。
2. **1**の水気を十分きらずに耐熱のボウルに入れてラップをし、電子レンジ（600W）で４分加熱する。
3. たっぷりの水にとって冷まし、水気をしぼってボウルに入れ、Ⓐで調味する。

小松菜と油揚げのしょうがさっと煮

「親つく」のポイント！

定番おかずですが、しょうがのせん切りを加えると青菜のクセがとれて、キレのよい風味に。水菜、キャベツでも同様に。

容器	ポリ袋＋保存容器
保存	粗熱をとって煮汁とともに冷蔵庫で保存する
賞味期限	冷蔵で約4日間
食べ方	ポリ袋から器に出して、そのままかレンジで温める

材料（3人分）

- 小松菜……½束
- 油揚げ……1枚
  （または生湯葉1枚）
- しょうがのせん切り……20g
- Ⓐ
  - 出汁……2カップ
  - みりん……大さじ½
  - うすくちしょうゆ……大さじ½

作り方

1 小松菜は長さ4㎝に切る。油揚げはペーパーでしっかり押さえて油を吸い取り、幅1㎝に切る。しょうがのせん切りはさっと水洗いする。

2 Ⓐを煮立てて油揚げを入れ、1分ほど煮て、小松菜としょうがを入れて2〜3分煮る。

にらと天かすの卵とじ

「親つく」のポイント！

ごはんにのせて小丼にもおすすめ。にんじんは、彩りとしてだけではなく歯ごたえのあるしっかりしたおいしさにしてくれます。

容器	レンジで加熱OKの保存容器
保存	粗熱をとって煮汁とともに冷蔵庫で保存する
賞味期限	冷蔵で約5日間
食べ方	そのままかレンジで温める

材料（3〜4人分）

- 卵……3個
- にら……½束
- にんじん……½本
- 天かす（揚げ玉）……2カップ
- Ⓐ
  - 出汁……1と½カップ
  - しょうゆ……大さじ2
  - みりん……大さじ1

作り方

1 にらは長さ3〜4㎝に切り、にんじんは皮をむいて長さ3〜4㎝のせん切りにする。

2 鍋にⒶと**1**を入れてひと煮立ちさせる。

3 卵は割りほぐして**2**の煮汁大さじ3〜4を加えて混ぜる。

4 天かすを散らし、**3**を流し入れてふたをして、少し煮て火を止め、蒸らして火を通す。

おからのポテトサラダもどき

「親つく」のポイント！

「おいしいポテサラ」風ですが、じつは食物繊維が抜群に豊富なおからです。調味したおからでほかの具をあえるのがコツ。

容器	保存容器
保存	粗熱をとって冷蔵庫で保存する
賞味期限	冷蔵で約6日間
食べ方	そのまま

材料（作りやすい分量）

- おから……150g
- にんじん……½本
- きゅうり……1本
- 玉ねぎ……¼個
- ハム（1㎝色紙切り）……3枚
- 塩、こしょう……各適量
- Ⓐ
  - マヨネーズ……大さじ2
  - ヨーグルト……大さじ1
  - 練り辛子……少々
  - うすくちしょうゆ……大さじ½

作り方

1. おからは耐熱の容器にほぐし入れ、ラップはなしで電子レンジ（600W）で5分加熱し、Ⓐで調味する。
2. にんじんは皮をむいて厚さ7〜8㎜のいちょう切りにし、きゅうりは小口から薄切りにする。ボウルに入れて塩（小さじ½）を加えてもみ、水で洗ってぬめりを落とし、水気をしぼる。
3. ボウルに**1**と**2**とハムを入れて混ぜ合わせる。

にんじんとドライフルーツのマリネサラダ

「親つく」のポイント！

にんじんはいって
水分をとばすと
クセがやわらぎます。
甘味と滋養を添えてくれる
ドライフルーツを加えましょう。

容器	保存容器
保存	粗熱をとって冷蔵庫で保存する
賞味期限	冷蔵で約２週間
食べ方	そのまま

材料（作りやすい量）

にんじん	２本（250〜300g）
レモン汁	大さじ4
レーズン	½カップ
ドライアプリコット	８枚
オリーブ油	大さじ4
塩	少々

作り方

1 にんじんはせん切りに、ドライアプリコットは細切りにする。

2 鍋またはフライパンに**1**のにんじんを入れ、かるく塩をふって弱火でいりつける。しんなりしたらレモン汁、レーズン、**1**のアプリコットを加えてひと煮立ちさせ、火を止めてオリーブ油を加えて混ぜる。

パプリカと煮干しのマリネ

「親つく」のポイント！

酢味でマリネしてしんなりやわらかになった煮干しと、しゃきしゃきしたパプリカが思いのほかよく合います。

容器	ポリ袋＋保存容器
保存	粗熱をとって汁とともに冷蔵庫で保存する
賞味期限	冷蔵で約２週間
食べ方	ポリ袋から器に出して、そのままかレンジで温める

材料（4～6人分）

- パプリカ（赤）……1個
- パプリカ（黄）……1個
- 煮干し……60g
- Ⓐ
  - 酢……1カップ
  - 砂糖……½カップ
  - 塩……小さじ½
  - 水……½カップ

作り方

1. パプリカはヘタと種を取って縦に細切りにする。
2. 煮干しは頭とはらわたを取り除く。
3. Ⓐを煮立て、**1**と**2**を入れてひと煮立ちさせて火を止める。

なすの揚げ出し

「親つく」のポイント！

いんげんなど緑の野菜を加えると華やかになります。また、そうめんなどめん類ともよく合います。

容器	ポリ袋＋保存容器
保存	粗熱をとって汁とともに冷蔵庫で保存する
賞味期限	冷蔵で約７日間
食べ方	ポリ袋から器に出して、そのままかレンジで温める

材料（4～6人分）

- なす……6個
- 万能ねぎ（小口切り）……½束
- しょうが（すりおろし）……20g
- めんつゆ……1カップ
- 揚げ油……適量

作り方

1. 大きめのボウルに万能ねぎ、しょうが、めんつゆを入れて混ぜ合わせる。
2. なすはヘタを切り落とし、縦２等分に切り、皮に切り目を入れ、長さを２等分に切る。
3. 油を200度に熱し、**2**を入れて薄く色づくまで揚げ、油をきって揚げたてを**1**に浸す。

＊親がコンビニなどのそうめん、冷やしうどんを好んで買うなら、添えるとおいしいことをひと言添えましょう。

玉ねぎとツナのサラダ

「親つく」のポイント!

玉ねぎはゆでると甘みがでるし、作りおいても水っぽくなりません。フレンチマスタードがツナと玉ねぎをつないでくれます。

容器	保存容器
保存	冷蔵庫で保存する
賞味期限	冷蔵で約7日間
食べ方	そのまま

材料(6人分・作りやすい分量)

玉ねぎ……3個
さやいんげん……80g
ツナ……小2缶
A フレンチマスタード…大さじ2
A レモン汁……大さじ2
A 塩、こしょう……各少々

作り方

1. 玉ねぎは皮をむき両端を切り落とし、繊維にそって幅1㎝のくし形切りにし、バラバラにほぐす。さやいんげんは両端を切り落として長さを3等分に切る。
2. たっぷりの熱湯を沸かし、さやいんげんを入れて1分ほどしたら玉ねぎを加え、さらに1分ほどしたらザルにあげて湯をきる。
3. ボウルにツナを缶汁ごと入れ、Aを加えて混ぜ合わせ、粗熱がとれた2を加えて混ぜ合わせる。

白菜たっぷり八宝菜

「親つく」のポイント!

野菜と肉とシーフードが重なり合ったおいしさが身上。味のベースは出汁です。クセがないうま味なので食べ飽きません。

容器	レンジ加熱OKの保存容器
保存	粗熱をとって煮汁とともに冷蔵庫で保存する
賞味期限	冷蔵で約5日間
食べ方	レンジで温める

材料(4〜6人分)

豚こま肉……180g
シーフードミックス……150g
白菜(一口大に切る)……3枚
Ⓐ
- 玉ねぎ(1cm幅くし形切り)……1個
- にんじん(1cm幅の短冊切り)……¼本
- ピーマン(一口大に切る)……2個

ごま油……大さじ1と½
塩、こしょう……各少々
Ⓑ
- 出汁……1と½カップ
- 片栗粉……大さじ1
- うすくちしょうゆ……小さじ1
- 塩……小さじ½

作り方

1 豚肉は幅4cmに切る。シーフードミックスは塩水(分量外)につけて解凍する。玉ねぎはバラバラにほぐす。Ⓑを合わせる。

2 フライパンを強火で熱し、ごま油をなじませて豚肉を炒め、火を通して別器に取り出す。Ⓐとシーフードミックスを入れて油が回るまで炒め合わせる。

3 白菜を加えて炒め合わせ、生っぽさが残っているうちに豚肉を戻し入れ、Ⓑを注ぎ入れて混ぜながら煮立ててとろみをつける。

かぼちゃの煮つけ

「親つく」のポイント！

かぼちゃに砂糖をふってしばらくおいて水分を引き出してから煮ると少ない砂糖でほくほくに。おやつにも喜ばれます。

容器	保存容器
保存	粗熱をとって冷蔵庫で保存する
賞味期限	冷蔵で約７日間
食べ方	そのまま

材料（作りやすい分量）

かぼちゃ……………… ⅛ 個（約250g）
砂糖……………………………… 大さじ１
出汁…………………………… ½ カップ
しょうゆ……………………… 小さじ２

作り方

1 かぼちゃは種を取り除いて一口大に切り、ところどころ面取りする。

2 かぼちゃを耐熱のボウルに入れて砂糖をふって、１時間くらいおいてかぼちゃの水分を引き出す。

3 **2**に出汁を加えてラップをして、電子レンジ（600W）で６分加熱し、しょうゆを加えて再びラップをして両端を少し開けて６分加熱して仕上げる。

さつまいものレモン煮

「親つく」のポイント！

さつまいもと一緒ににんじんも煮ましょう。かるいグラッセのようになって食がすすみます。ポイントはレモンをたっぷり加えること。

容器	レンジ加熱ＯＫの保存容器
保存	粗熱をとって煮汁とともに冷蔵庫で保存する
賞味期限	冷蔵で約２週間
食べ方	そのままかレンジで温める

材料（作りやすい分量）

さつまいも…………………………450g
にんじん……………………………½ 本
レモン…………………………………１個
Ⓐ 砂糖……………………… ½ カップ
Ⓐ はちみつ……………… ½ カップ

作り方

1 さつまいもは皮のまま７〜８㎜の輪切りにし、ボウルに入れて水を数回換えてさらす。にんじんは皮をむいて１㎝の輪切りにする。

2 **1**をたっぷりの水とともに鍋に入れて火にかけ、さつまいもはかためにゆでて取り出す。にんじんは、さらに２〜３分長めにゆでて取り出す。

3 レモンはたわしで皮をこすり洗いし、厚さ７〜８㎜の輪切りにする。

4 別鍋に**2**と**3**を入れ、かぶるくらいの水を入れてⒶを加え、ふたをして弱火で15分ほど煮て、そのまま冷ます。

きくらげとしいたけのうま煮

「親つく」のポイント！

きくらげとしいたけはポリ袋を活用してもどすと手間なしです。うま味たっぷりのやさしい味わいは自家製だからこそ！

容器	保存容器
保存	粗熱をとって冷蔵庫で保存する
賞味期限	冷蔵で約10日間
食べ方	そのまま

材料（作りやすい分量）

- 裏白きくらげ……30g
- 干ししいたけ……8枚
- ごま油……大さじ2
- もどし汁……2カップ
- いりごま……大さじ2
- Ⓐ 酒……大さじ2
- Ⓐ 砂糖……大さじ2〜3
- Ⓐ しょうゆ……大さじ2

作り方

1. 裏白きくらげと干ししいたけはポリ袋に入れてぬるま湯を加え、空気をぬいて口を閉じ、1〜2時間おいてもどす。
2. **1** はもどし汁をきり、せん切りにする。もどし汁はこす。
3. 鍋を熱してごま油をなじませ、**2** の乾物を入れて炒め、もどし汁を加えてふたをし、10分ほど煮てⒶを加え、汁気がなくなるまで炒め、いりごまを加えて混ぜる。

乾燥野菜のヨーグルト炒め煮

「親つく」のポイント!

乾燥野菜はもどさなくても、ヨーグルトで煮ると短時間でやわらかく乾物臭もなく煮上がり、栄養的にもプラス!

容器	レンジ加熱OKの保存容器
保存	粗熱をとって冷蔵庫で保存する
賞味期限	冷蔵で約10日間
食べ方	そのままかレンジで温める

材料(作りやすい分量)

乾燥ミックス野菜……80～90g
ヨーグルト……400g
出汁……½カップ
しょうゆ……大さじ1

作り方

1 フライパンに乾燥野菜とヨーグルトを入れて火にかけ、混ぜながらひと煮立ちさせ、ふたをして火を弱めて汁気がなくなるまで煮て、火を止めて5分ほど蒸らす。

2 出汁を加えてひと煮立ちさせ、しょうゆを加えて調味し、1～2分煮て味をなじませる。

「親つく」の便利アイテム

家庭用真空パック器も登場！

手持ちで届けるにしろクール便で送るにしろ、
「親つく」の大きな悩み、容器の問題に福音！

「親つく」の容器は、**料理を保存しやすく開封しやすく、運搬しても液漏れしないことが条件です**。それには、真空パックがとても便利。いままでは業務用中心で家庭のキッチンツールとしては手が出ない価格でしたが、**最近は家庭用真空パック器が手頃な値段で出回っています。**

専用の袋で密閉だけできるシーラータイプ、汁気が少ないものなら真空にできるタイプなど機種によって機能はいろいろです。これからさらに進化すると予想されるので、「親つく」を続ける場合は、視野に入れておくのもよいでしょう。家電量販店やネット通販で5,000円～20,000円で購入できます。

家庭用真空パック器にひとつ。汁気のないものなら真空パックできるタイプ。

第四章

ごはん・パスタの「親つく」レシピ

おいしい白いごはんさえあれば、
食欲のないときも、胃が動き出すのが親世代です。
また、炊き込みごはんがあれば、
お茶をいれるだけで、かるくすませることもできます。
作りおいてもおいしいパスタも紹介しました。

白いごはん

「親つく」のポイント！

なにはなくても、
ごはんがあれば安心。
冷蔵庫や冷凍庫用の
保存容器がありますが、
開け閉めがしにくかったり、
かさばったりしがちです。
親世代におすすめは、
茶巾しぼりスタイル。いつもの
茶碗の一膳分、少し多め、
少なめなどいろいろな
分量で用意して、
そのときの食欲に合わせて
選べるようにしてあげましょう。

炊きあがったら

釜の鍋肌にそわせてシャモジをぐっと底まで差し込んで下からガッと持ち上げて手首を返してごはんを地割れさせる、これをぐるっと一周繰り返す。

おいしく冷蔵・冷凍保存する

1

ラップを写真のように清潔にした手にかけ、小鉢にセットする。

2

温かいごはんを入れる。

3

ラップをまとめて茶巾にしぼる。このときふんわりと中の空気を残すこと。

4

ビニタイなどでとめる。冷蔵庫か冷凍庫で保存。

保存容器で冷蔵・冷凍保存する

たいごはん、さつまいもごはんなど、具をつぶさずに保存したい場合は、レンジ加熱OKの保存容器で保存するとよい。

容器

- ラップで茶巾包み
- レンジ加熱OKの保存容器

保存

- 冷蔵庫で保存する
- 冷凍も可

賞味期限

- 冷蔵で約5日間
- 冷凍で約1カ月間

食べ方

ビニタイを外して
レンジで温める

ごはんのお供

「親つく」のポイント！

白いごはんがすすむ自家製ふりかけです。
混ぜごはんにしても、ごはんにちょっとのせても
おむすびにしても喜ばれます。

容器	保存容器
保存	冷蔵庫で保存する
賞味期限	冷蔵で約１ヵ月
食べ方	そのまま

梅ねぎ

材料（作りやすい分量）

梅干し……6〜8個
万能ねぎ（小口切り）……6本
いり黒ごま……大さじ2
粉がつお……大さじ1

作り方

1 梅干しは種を取り除き、果肉をみじん切りにする。

2 ボウルに**1**、万能ねぎ、いり黒ごま、粉がつおを入れて混ぜ合わせる。

じゃこえび

材料（作りやすい分量）

ちりめんじゃこ…50g
焼きのり……２枚
桜えび……15g
青のり……大さじ1
ごま油……大さじ½
塩……小さじ½

作り方

1 ちりめんじゃこは、ざるに入れて熱湯をかけ、そのまま冷ます。

2 焼きのりをポリ袋に入れて細かくもみ砕き、**1**と桜えび、青のりを加えて混ぜ合わせる。

3 ごま油を入れて全体になじんでしっとりするまでよく混ぜ、最後に塩で調味する。

とうもろこしと枝豆のごはん

とうもろこしと枝豆の
相乗効果で豊かな味わいに。

材料（4〜6人分）

米……………………2カップ（400㎖）
とうもろこし……………………1本
枝豆……………………1袋
Ⓐ［水……………………2カップ
バター……………………大さじ2
塩……………………小さじ½〜1
粗びきこしょう……………………適量］

作り方

1 とうもろこしは実を外す。枝豆は強めの塩加減でやわらかくゆで、さやから豆を出す。

2 米はとぎ洗いしてザルにあげて水気をきり、内釜に入れる。Ⓐを加え、**1**のとうもろこしを表面に広げて入れ、普通に炊く。

3 炊き上がる少し前に**1**の枝豆を加え、炊き上がったら粗びきこしょうをふり、ふんわりと混ぜ返す。

菜めし

菜めしは焼いた油揚げの
香味が決めてです。

材料（4〜6人分）

米……………………2カップ（400㎖）
水……………………2と¼カップ
小松菜……………………½束
油揚げ……………………1枚
しょうゆ……………………少々
塩……………………小さじ½〜1

作り方

1 米はとぎ洗いしてザルにあげて水気をきり、内釜に入れ、水加減をして炊く。

2 小松菜はみじん切りにし、塩（分量外）で十分にもんで水気をしぼる。

3 油揚げはペーパーで押さえて油を吸い取り、網で焼き色がつくまで焼き、しょうゆを塗り、粗熱がとれたらあられ切りにする。

4 **1**が炊き上がったら、**2**と**3**と塩を加えてふんわりと混ぜ返す。

にんじんごはん

にんじんはすりおろし、風味は塩昆布です。

材料（4～6人分）

	米	2カップ（400mℓ）
	にんじん	2本（200g）
	塩昆布（みじん切り）	6～8枚
Ⓐ	水	2カップ
Ⓐ	酒	大さじ1
Ⓐ	うすくちしょうゆ	大さじ½
Ⓐ	塩	小さじ½

作り方

1 にんじんは、皮をむいてすりおろす。

2 米はとぎ洗いしてザルにあげて水気をきり、内釜に入れる。Ⓐを加え、**1**を広げて入れて普通に炊く。

3 炊き上がったら、塩昆布を加えてふんわりと混ぜ返す。

容器	ラップで茶巾包み
保存	●冷蔵庫で保存する ●冷凍も可
賞味期限	●冷蔵で約5日間 ●冷凍で約1カ月間
食べ方	ビニタイを外して レンジで温める

さけときのこのみそごはん

さけはフライパンで焼いてから
炊き込むのがコツ。

材料（4〜6人分）

米……………………2カップ（400㎖）
生さけ……………………4切れ
しめじ……………………1パック
えのきだけ……………………1袋

Ⓐ
- 水……………………2カップ
- みりん……………………大さじ2
- みそ……………………大さじ2

作り方

1 米はとぎ洗いしてザルにあげて水気をきる。

2 生さけは厚めのそぎ切りにし（小骨は取り除く）、フライパンでじっくり焼き、ペーパーにとって油を吸わせる。

3 しめじは根元を切り落としてバラバラにし、えのきだけは根元を切り落として長さを3等分に切る。

4 **1**を内釜に入れてⒶを加え、**2**を並べ入れ、**3**を散らして普通に炊き、ふんわりと混ぜ返す。

中華ちまき

レンジ調理ですが
お味は本格的です。

材料（8個分）

もち米
…2カップ（400㎖）
牛薄切り肉……100g
焼き豚…………100g
干しえび…………30g
長ねぎ（小口切り）
……………………1本
ごま油…大さじ1と½

Ⓐ
- 酒……………………¼カップ
- しょうゆ……………………大さじ1
- 干しえびのもどし汁＋水……1と½カップ

作り方

1 もち米は洗って1時間ほど水に浸し、ザルにあげる。

2 干しえびはひたひたのぬるま湯に浸してもどす。牛肉は細切り、焼き豚は小さめの角切りにする。

3 フライパンにごま油を熱し、長ねぎ、牛肉を炒め、肉の色が変わったら干しえび、焼き豚を加えて炒め、**1**のもち米とⒶを加え、もち米が水分を吸収するまでよく炒める。

4 8等分してラップで三角形に包み、電子レンジ（600W）で4個ずつ7〜8分加熱する。

たいめし

たいをゆでた汁で炊くので、骨の心配無用。

材料（4～6人分）

米	2カップ（400mℓ）
たい	4切れ
塩	少々
たいのゆで汁	2カップ
Ⓐ 酒	大さじ2
Ⓐ うすくちしょうゆ	小さじ2
Ⓐ 塩	少々
三つ葉（長さ2cmに切る）	1袋

作り方

1 たいは骨をそぎ取って一口大に切り、塩をしてしばらくおく。

2 鍋に水2と½カップをひと煮立ちさせ **1** の身とそぎとった骨を加えてゆで、身を取り出し、ゆで汁はこして2カップを用意する。

3 米はとぎ洗いしてザルにあげて水気をきり、内釜に入れ、**2** のゆで汁、Ⓐを加えて普通に炊き、蒸らし時間に入ったら **2** のたいの身と三つ葉を加え、炊き上がったらふんわりと混ぜ返す。

容器
- ラップで茶巾包み
- レンジ加熱OKの保存容器

保存
- 冷蔵庫で保存する
- 冷凍も可

賞味期限
- 冷蔵で約5日間
- 冷凍で約1カ月間

食べ方
レンジで温める
＊茶巾包みはビニタイを外してレンジで温める

ゆり根ピラフ

ゆり根は好相性のバターを加えて
炊き込みのピラフに。

材料（4〜6人分）

米……2カップ（400㎖）
ゆり根……大2個
にんじん……1本
Ⓐ［出汁……2カップ
　塩……小さじ1〜1と½
　こしょう……少々］
バター……大さじ2
パセリのみじん切り……大さじ2

作り方

1 米はとぎ洗いしてザルにあげて水気をきる。

2 ゆり根はバラバラにはがし、水洗いして土を落とし、水気をふきとる。にんじんは7〜8㎜角に切る。

3 内釜に**1**とⒶを入れ、**2**を加えて普通に炊き、炊き上がったらバター、パセリのみじん切りを加えてふんわりと混ぜ返す。

根深ねぎごはん

長ねぎとおぼろ昆布の滋味が
クセになるおいしさです。

材料（4〜6人分）

米……2カップ（400㎖）
長ねぎ（白い部分）……3本
おぼろ昆布……15g
Ⓐ［出汁……2カップ
　酒……大さじ2
　しょうゆ……大さじ1］

作り方

1 米はとぎ洗いしてザルにあげて水気をきる。

2 長ねぎは長さ2㎝に切り、おぼろ昆布は小さくちぎる。

3 **1**を内釜に入れてⒶを加え**2**の長ねぎを散らし入れて普通に炊く。スイッチが切れたらおぼろ昆布を数回に分けて散らして加え、底からふんわりと混ぜ返す。

さつまいもと黒ごまのごはん

たっぷりめの黒ごまが味わいを引き締めてくれます。

材料（4〜6人分）

米……………………2カップ（400㎖）
さつまいも……………………450g
Ⓐ 水……………………2カップ
Ⓐ 酒……………………大さじ2
Ⓐ 塩……………………小さじ1〜1と½
いり黒ごま……………………¼カップ

作り方

1 さつまいもは1〜2㎝角に切り、たっぷりの水でさらす。

2 米はとぎ洗いしてザルにあげて水気をきり、内釜に入れ、Ⓐを加え、**1**を広げて入れ、普通に炊く。

3 黒ごまをふり入れてふんわりと混ぜ返す。

容器	●ラップで茶巾包み、ラップおむすび ●レンジ加熱OKの保存容器
保存	●冷蔵庫で保存する ●冷凍も可
賞味期限	●冷蔵で約5日間 ●冷凍で約1カ月間
食べ方	レンジで温める ＊茶巾包みはビニタイを外してレンジで温める

ペンネのすき焼き炒め

「親つく」のポイント！

すき焼きのあとにうどんを入れて煮るあのおいしさをペンネで味わいます。すき焼きのたれを出汁で割るのがコツです。

容器	レンジOKの保存容器
保存	冷蔵庫で保存する
賞味期限	冷蔵で約5日間
食べ方	レンジで温める

材料（4人分）

ペンネ……200g
牛薄切り肉……200g
玉ねぎ……1個
春菊……1束
サラダ油……大さじ2
Ⓐ すき焼きのたれ……$\frac{1}{4}$カップ
　 出汁……$\frac{1}{4}$カップ
七味唐辛子……お好みで

作り方

1 牛肉は幅1〜2㎝に切る。玉ねぎは幅1㎝に切り、春菊は葉を摘んで長さを2等分に切る。

2 たっぷりの沸騰した湯に塩を加え（目安は塩分濃度1%）、ペンネをバラバラ入れて表示時間に従ってゆで、ザルにあげて水気をきる

3 フライパンを熱してサラダ油をなじませ、牛肉と玉ねぎを炒め合わせ、牛肉に火が通ったら**2**と春菊を加えてかるく炒め、Ⓐを加えて汁気が少なくなるまで炒め煮にする。

チーズソースのペンネ

「親つく」のポイント！

ショートパスタはのびないので作りおきに適します。野菜もペンネと一緒にゆで、牛乳とミックスチーズのソースでからめます。

容器	レンジOKの保存容器
保存	冷蔵庫で保存する
賞味期限	冷蔵で約5日間
食べ方	レンジで温める

材料（4人分）

- ペンネ……200g
- パプリカ（赤）……1個
- ズッキーニ……½本
- セロリ……½本
- 生しいたけ……2枚
- Ⓐ 牛乳……1カップ
- Ⓐ ミックスチーズ……80g
- 塩、こしょう……各少々

作り方

1. パプリカはヘタと種を取り除いて、縦に薄切りに。ズッキーニ、セロリは長さはペンネと同じくらいに、太さは割り箸ぐらいに切る。生しいたけは石づきを切り落とし、幅7〜8mmに切る。
2. たっぷりの沸騰した湯に塩を加え（目安は塩分濃度1%）、ペンネをバラバラ入れてゆでる。表示時間の2分前に**1**を入れ、一緒にザルにあげて水気をきる。
3. フライパンにⒶを入れて火にかけ、チーズが溶けたら**2**を入れて煮立てながらからめ、塩、こしょうで味を調える。

「親つく」番外編

ときには、ひとつの容器で盛り合わせを！

いろいろ試してみて「今現在の親」が使いやすいウチの「親つく」スタイルをみつけましょう！

電子レンジで温めるには、単品のほうが失敗なく加熱できます。また親が自分で選んで献立する楽しみを残したいので、**基本は単品保存をおすすめ**します。

でも、つかい勝手には個人差があります。また、親の食への感心の度合いによっても、なにが便利か好みは分かれるでしょう。たとえば、1食分ずつ容器に入れた残りを少しずつ詰め合わせて「おかずセット」にしてみるのも、気分が変わってよいかもしれません。また、食べるときに器に移すのが面倒、という方にはお弁当のように1つにまとまっているほうが、うれしいかもしれません。

大事なのは「今現在の親」の気力体力に寄り添うこと。2種セットや3種セットなどいろいろなバリエーションをためして、率直な親の要望を聞いてみましょう。

その場合注意したいのは…

- **電子レンジで加熱するさいに同じくらいの時間で温まるおかずを組合わせること。**
- **中に詰めた料理がすぐにわかるように、すべてラベルに書くこと。**

麻婆豆腐
→26ページ

かぼちゃの煮つけ
→74ページ

鶏の梅煮
→32ページ

なすの揚げ出し
→70ページ

牛肉とれんこんのみそ炒め
→30ページ

えびチリ
→34ページ

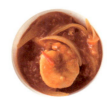

「親つく」番外編

大人の「ミネラルおやつ」タイム

食が細くなる親世代は、食事に加えて滋養のあるおやつが必要！
サプリメントよりもミネラルおやつで健やかに！

おやつはお菓子だけではありません。三度の食事ではとりにくいカルシウムなどのミネラルはじめ、カラダを健やかに調える滋養が豊かな**ナッツ類や小魚、のり、チーズなどを「ミネラルおやつ」として用意**してあげましょう。サプリメントに頼りがちな親世代ですが、口の楽しみにもなるスーパーフード的「ミネラルおやつ」を日々の暮らしに取り入れられるように、おやつボックスを用意してあげるのもよいでしょう。

「ミネラルおやつ」は栄養の補給だけではなく、ゆるやかな暮らしのリズムができる効果もあります。「朝のおめざ」か「十時のおやつ」か「三時のおやつ」にするか、「ミネラルおやつ」タイムを親自身に決めてもらいましょう。

左はチーズ。右奥は焼きのり。チーズをのりで巻いて食べると風味がよく、栄養バランスもよい。一日の分量はにこれくらいの量で十分。

「ミネラルおやつ」リスト

クコの実

古来から知られる滋養強壮食材で、ことに眼精疲労と肝機能を改善する効果があるといわれる。

松の実

古来から知られる滋養強壮食材で、酸化作用があり、空咳、便秘に効果があるといわれる。

アーモンド

酸化作用があるビタミンEが豊富。ローストしたり塩や油などで調味されていないものを。

カシューナッツ

ビタミンB1、亜鉛が豊富で疲労回復、増血に効果があるといわれる。塩や油などで調味されていないものを。

くるみ

古来から知られる滋養強壮食材で、脳の健康や便秘の改善を促すといわれている。塩や油などで調味されていないものを。

小さな煮干し

食べるおやつ用の煮干しでカルシウムと鉄分が豊富。小さいけれど丸ごと青魚の栄養がとれる。塩を用いず真水で炊いたものを。

チーズ

カルシウムとタンパク質の宝庫。1切れに切ってあるタイプを、

焼きのり

食物繊維、ビタミンA・B・C、ミネラルが豊富。味つけのりではなく、焼きのりのカットしてあるものを。

左はクコの実と松の実。右は時計回りに、小さな煮干し、カシューナッツ、アーモンド、くるみ。一日の分量はにこれくらいの量で十分。

「親つく」付録

いつもの暮らしのなかで、しっかり防災応援

親の住まいの安全と災害時の自宅待機のための備蓄をチェック！

スムーズに片付けるには「捨てる」は禁句！「大事だからしまっておこう」と話しましょう。

その1 住まいの安全チェック！

- □ 寝室：寝ている場所に落下してくるもの、倒れてくる家具がないかどうか。
- □ 居間：テレビや棚など落下したり倒れたりする家具がないかどうか。
- □ 寝室・居間：落下したり倒れたりして、出入り口をふさぐものがないかどうか。
- □ 玄関：倒れてドアの開閉をふさぐものがないかどうか。
- □ 台所：食器棚の扉が開いたり、食器が落下したりしないかどうか。
- □ 台所：冷蔵庫が倒れないかどうか。
- □ 台所：電子レンジやトースターながど落下しないかどうか。
- □ 洗面所、風呂場、トイレ：出入り口をふさぐものがないかどうか。

チェックして移動できるものは移動。移動できないものは転倒防止器具で固定を。
転倒防止は床面のストッパーとポール式など２種以上を組合わせると強度が増します。

その2 自宅待機のための備品

- □ 基本備品：非常用簡易トイレ、カンテラか大型懐中電灯、
- □ 衛生用品：トイレペーパー、手指の消毒スプレー、ウエットティッシュ、液体歯磨き、紙パンツ、ティッシュペーパー
- □ 生活用品：大きめのポリ袋、ゴミ袋、ラップ、カセットコンロとガスボンベ、電池
- □ 医療用品：常備薬、入れ歯洗浄剤、補聴器用電池やバッテリー
- □ 安全用品：スリッパ、厚手靴下、軍手、ゴム手袋
- □ 通院セット：健康保険証、お薬手帳、病院の診察券。この３点セットは日常的にひとまとめにしておくこと。

その3 自宅待機のための水の備蓄

- 飲み水の備蓄は3日分といわれますが、1週間分を常時備蓄するのが安心です。目安は、1人1日3リットルを7日分として21リットル。高齢者は大きな2リットルのボトルは扱いにくいので、1リットルと350ミリを組合わせて用意するといいでしょう。
- 災害時用と決め込まず、日常的につかって回転させると、無駄がありません。
- 水は重いので宅配サービスの定期購入を利用するのもいいでしょう。
- 水道が止まった場合は、飲料以外にトイレを流すなどの生活用水も必要です。お風呂の水をいつも張っておくなどして備え、バケツとぞうきんも用意しておきましょう。
- 災害が収まっても数日は店に商品が並ばないので、覚悟して備蓄しましょう。

その4 食品は日常的にストックする

- 非常用の食品は念のため用意するとして、自宅待機する場合に心強いのは、いつも食べ慣れている食品です。非常用としてしまい込まず、日々食べては補充するスタイルがおすすめです。

【冷凍庫・冷蔵庫】

- 冷蔵庫に日常的に食べている好物のヨーグルト、納豆、味つききもずく、チーズなど食べきりパックをきらさないようにしましょう。
- もちろん、「親つく」料理も備えになります。
- 冷凍庫には停電時に自然解凍でも食べられるパン、「親つく」のごはんを常備してあげましょう。
- 停電時に備え、冷凍庫には保冷剤や冷却用品（アイスノンなど）を常備し、停電したら冷蔵庫にも一部移して保冷できるように備えましょう。
- 停電した場合、生もの以外なら、冷蔵庫は2〜3時間。冷凍庫は4時間くらいは保冷できます。その場合、冷蔵庫、冷凍庫の開閉は最低限にすることが肝心。

【常温備蓄】

- レトルトのおかゆ、シチュー、缶詰などは好みの味を常備しましょう。
- チョコレート、一口羊羹、カステラ、あめ玉など常温保存できる、好物の甘い物も忘れず常備しておきましょう。
- 常温保存できる野菜ジュース、フルーツジュースの小さい飲みきりパックも常備したいもの。
- 「ミネラルおやつ」（92ページ）は自宅待機にも心強い味方です。

林 幸子（はやし ゆきこ）

“グー先生”の愛称で親しまれる料理研究家。東京・表参道の料理教室「アトリエ・グー」主宰。大手食品会社で料理開発に携わったのち、独立。「美味しい」をあらゆる角度から検証し、そのエビデンスを追及するオタク料理家、いや、こだわり料理家としてテレビや雑誌、書籍などで30年以上活躍してきた。NHK「ガッテン！」などのテレビや雑誌、書籍等で活躍中。著書に『料理研究家がうちでやっているラクして楽しむ台所術』（サンマーク出版）、『グー先生 林幸子の基本のキ』（ソニーマガジンズ）、『世界のおいしいお米レシピ』『世界のおいしいスープ』（白夜書房）、『決定版 基本のイタリアン』『野菜が主役のケーク・サレ』（主婦の友社）、『10分つまみ』（宝島社）、『南部鉄ココット&グリルでおいしいレシピ』（PHP）などがある。

公式HP／https://www.yukikohayashi.com/

介《かい》護《ご》じゃないけど、やっぱり心《しん》配《ぱい》だから

親《おや》に作《つく》って届《とど》けたい、つくりおき

2018年　9月25日　第1刷発行
2019年　3月 5 日　第6刷発行

著　者　林《はやし》 幸《ゆき》子《こ》
発行者　佐藤 靖
発行所　大《だい》和《わ》書房
東京都文京区関口1-33-4
電話　03-3203-4511

staff

撮影　南雲保夫
アートディレクション 大薮胤美（フレーズ）
デザイン　尾崎利佳（フレーズ）
スタイリング　宮沢ゆか
編集　亀山和枝
印刷　廣済堂
製本　ナショナル製本
企画　長谷川恵子（大和書房）

ISBN978-4-479-92123-3

http://www.daiwashobo.co.jp/